DES
DÉCLAMATIONS

CONTRE

LES MAGISTRATS ET LES OFFICIERS DE JUSTICE,

ET

DES MOYENS EMPLOYÉS POUR LES INDUIRE EN ERREUR;

EN RÉPONSE

A certain pamphlet mystérieusement distribué par le Sieur Jacques LUCET, *chez MM. les Membres de l'Ordre ju-diciaire, à Rouen, en mars 1825.*

———

L'ORDRE qui, dans l'état, devrait être le plus respecté, est celui que l'on s'occupe le plus de décrier, et cela s'explique aisément. Si l'amour de l'or n'étouffait pas l'amour de la justice; si chacun, se livrant à une honnête industrie, à une profession capable de fournir à son existence et à celle de sa famille, se contentait de ce qui lui appartient, il n'y aurait pas, ou peu, de procès, alors peu de mécontens; malheureusement il n'en est pas ainsi. Depuis surtout qu'on s'est mis dans la tête que le rang et la considération dans la société sont en proportion de la fortune dont on jouit, ceux qui ne sont pas retenus par des principes vraiment religieux, et auxquels la pratique des vertus chrétiennes n'offre aucune compensation des jouissances du luxe , ne rêvent qu'aux moyens de se procurer des richesses : je ne dis pas de les ga-gner; car rien n'est plus permis qu'une noble ambition , le désir de réussir dans ce que l'on entreprend honnête-ment et d'entreprendre ce qui peut être utile à soi et aux siens, sans nuire à autrui. J'honore donc la véri-table industrie, n'importe dans quel état elle s'exerce , autant que je méprise l'intrigant qui , semblable au frêlon , ne songe qu'à dévorer les fruits péniblement obtenus par le travail assidu de ses concitoyens.

Généraliser sur ce point pourrait être imputé à l'en-vie de déclamer contre des abus que l'on ne pourrait spécifier; présenter à l'appui de son opinion des faits recueillis au hasard, et s'exposer, faute d'informations correctes, à être démenti sur certains points, seraient des moyens peu sûrs de convaincre de l'existence du mal que mon objet est de combattre , pour en affaiblir les conséquences. C'est pourquoi je raconterai simplement ce qui s'est passé sous mes yeux , ce dont j'ai toutes les preuves en main et me rends garant envers tous ceux que cela peut concerner. Mon devoir même est d'en agir ainsi à l'époque où je me trouve; car, si par respect hu-main, si par délicatesse, par ménagement pour des personnes qui m'étaient proches et que j'affectionnais , j'ai pu, jusqu'à ce jour, garder le silence sur d'odieuses transactions : le tort qu'elles font à la société, l'encou-ragement que le succès d'entreprises immorales peut donner aux méchans ; les calamités qui en résultent pour les honnêtes gens ; le blâme même que j'encour-rais de la part de magistrats vertueux, qui sauraient que j'ai négligé d'allumer devant eux le flambeau de la vérité pour dissiper les ténèbres du mensonge dans lesquels on cherchait à les envelopper : toutes ces considérations doivent agir plus impérieusement sur mon esprit que celles des sentimens que j'ai toujours entretenus pour des individus qui, loin de m'en savoir gré, les tournent en ridicule pour en détruire le mérite et les appellent des *niaiseries sentimentales*. Le célèbre de Larochefoucauld a dit : « *Pour pouvoir toujours être bon, il* » *faut que les autres croient qu'ils ne peuvent pas nous être* » *impunément méchans.* »

C'est ainsi qu'il a établi les limites de la bonté, et je suis convaincu moi-même que si je n'avais pas dépassé ces bornes vis-à-vis de ceux dont je vais avoir occasion de parler, ils ne m'auraient pas si souvent qualifié du titre de *Niais*. La justice eût suivi son cours à leur égard, et, par force, sinon par inclination, ils se fussent désistés de la pratique du mal. Je passe donc condamnation sur moi-même à ce sujet, et vais remplir aujourd'hui un devoir pénible pour moi. Dieu veuille que les effets en soient salutaires !

Je suis né dans la ville de Rouen ; de parens qui ont généralement joui de l'estime de leurs concitoyens. Mes études terminées, je pris le parti de la mer. Fait capitaine en 1788, j'avais le bonheur de jouir de la confiance des négocians de Rouen et du Hâvre, comme marin et comme gérant, lorsque la révolution vint me faire perdre tous ces avantages. Je passai aux Etats-Unis de l'Amérique en 1793 ; j'eus la sactisfaction d'y captiver la confiance et l'estime de plusieurs personnes respectables, au point de me trouver chargé en 1795 de la procuration générale et spéciale d'un des plus riches habitans de New-York, qui jouissait d'une considération universelle, et qui me mit en rapport d'affaires et de société avec les personnes les plus distinguées du continant, à la tête desquelles je m'honore de citer le célèbre Washington et plusieurs membres de sa famille.

Je fus sans doute favorisé par les circonstances; mais il y a lieu de croire que je dus aussi à mes principes et à mon industrie les avantages et la considération dont j'ai joui dans ce pays. Pour éviter d'être taxé de vanité, je m'abstiendrai de tous détails à cet égard, et crois suffisant de dire qu'après avoir d'abord en 1796 été commandité jusqu'à concurrence de cinquante mille gourdes, par ce même négociant qui, depuis dix-huit mois que je remplissais les fonctions de son procurateur général, avait eu nombreuses occasions de me juger : après avoir conduit les plus vastes entreprises pendant plusieurs années, à la satisfaction générale de tous ceux qui s'y trouvèrent en rapport avec moi; lorsque je désirais jouir d'une vie plus paisible, ce qui m'était recommandé pour le bien de ma santé, le Gouverneur et les quatre Sénateurs de l'état de New-York composant le conseil d'appointement, me firent l'honneur de me choisir pour remplir les fonctions de notaire public, sur toute l'étendue de l'état et m'en délivrèrent la commission. Cette charge, qui, dans ce pays, n'est sujette à aucun contrôle que de la moralité de celui qui l'exerce, ne se vend point, et les chefs de l'état ne la confèrent qu'aux personnes qui leur offrent toutes les garanties désirables sous ce rapport : aussi, le dis-je avec orgueil, aucune des promotions qui m'ont été ou pourraient m'être accordées ne me paraissent aussi satisfaisantes.

Je demande pardon à mes lecteurs de les avoir entretenus à mon sujet ; mais ceux d'entr'eux qui savent à quel point la calomnie s'est exercée sur mon compte, dans mon pays natal , conviendront que le respect qu'on se doit à soi-même , celui que je dois à la mémoire des auteurs de mes jours, ont rendu indispensable que je donnasse un exposé succinct de la manière dont j'ai passé ma vie et les honorables suffrages que j'ai recueillis.

Voici ce que j'oppose à mes calomniateurs, à ceux qui ont osé dire à mes concitoyens , aux amis de mon enfance , que j'avais été obligé de fuir de New-York en 1808 , pour me soustraire aux poursuites de la justice , *qui m'aurait fait pendre.*

C'est à vous , hommes de bien ; à vous , respectables pères de famille ; à vous, mes vertueux concitoyens, que j'en appelle pour juger si , depuis six ans que je suis ainsi traduit et vilipendé par plusieurs gens à gages , dans les cafés , estaminets et carrefours de Rouen , il m'est permis de rester plus long-temps dans le silence ; si , en y persistant encore , ma longanimité , aux yeux de ceux qui me connaissent , ne paraîtrait pas blâmable, et si ceux qui n'ont pas eu occasion de me connaître et juger personnellement , ne pourraient pas inférer de mon silence que mes calomniateurs ne sont que médisans.

Les magistrats que je respecte, d'abord par leurs fonctions, puis personnellement pour presque tous ceux que j'ai l'honneur de connaître , ont droit de se plaindre de cette indulgence qui, exercée envers leurs justiciables, a empêché la vérité de parvenir jusqu'à eux , alors que

les moyens les plus inconcevables et les plus audacieux
étaient employés pour les induire en erreur. « Nous ne
» sommes point des anges (me disait un d'entre eux,
dont les vertus honorent le caractère) : la perversité
» est si grande, l'hypocrisie si profonde, que ceux
» mêmes parmi nous qui sont doués des meilleures in-
» tentions, qui ont le plus ardent désir de rendre la
» justice, seront trompés journellement, si l'homme
» honnête qu'on cite devant nous ne se défend pas avec
» une ardeur égale à celle du méchant qui le poursuit ;
» s'il néglige d'employer, pour nous éclairer sur la vérité
» des faits, des moyens aussi actifs que son adversaire
» emploie pour nous induire en erreur : Que nous soyons
» blâmés pour nos jugemens, est chose commune, et
» nous devons nous y montrer indifférens, tant que
» nous restons dans la persuasion que nous avons rendu
» justice. Mais combien n'en sommes-nous pas sincère-
» ment affligés, lorsque, le mal une fois rendu irrépa-
» rable, des faits que nous avions ignorés parviennent
» à notre connaissance, et nous avons lieu de penser
» qu'on a trompé notre religion! Il est donc du devoir
» de nos justiciables de nous éclairer sur la vérité des
» faits par tous les moyens en leur pouvoir, et ils se
» rendent éminemment coupables envers la magistra-
» ture, la société, eux-mêmes, leur famille et leurs
» amis, s'ils négligent de le remplir. »

Eh bien ! je vais le remplir ce devoir, quoiqu'il me
soit bien pénible de mettre en évidence les faiblesses de
ceux auxquels j'avais voué une sincère affection et dont
l'un, entre autres, m'appartient de si près.

Un de mes amis de collége me chargea, au mois de

mai dernier , à mon départ de Paris pour Rouen , d'une lettre pour un magistrat de cette ville, qui, lorsqu'il apprit mon nom, me demanda si j'étais la personne contre laquelle un pamphlet avait été publié et envoyé chez lui depuis plus d'un mois. Je n'en avais aucune connaissance. Il eut la complaisance de le chercher pour me le mettre sous les yeux, et j'y lus ce titre assez bizarre : « DÉVELOPPEMENT *des procès* provenus de la li-
» citation poursuivie par *Eugène Lucet,* contre *Lucet*
» aîné, son frère. »

Je fus de suite chez mes conseils, qui ne purent me procurer un seul exemplaire de ce mystérieux ouvrage, qui n'avait été distribué que chez MM. les magistrats de la ville ; il me fallut donc avoir recours à mon frère , lui-même , qui en était l'auteur. Il ne put refuser de satisfaire à ma juste demande.

Je reconnus dans les quinze folios dont il se composait, tout ce qui constitue un libelle et de la même nature que celui que mon frère avait publié le 23 mai 1820, auquel je n'avais consenti répondre que pour me disculper des faits qui m'y étaient imputés, évitant soigneusement de dire rien autre chose qui pût faire tort à mon frère dans l'opinion publique. On m'avait conseillé de mettre au jour l'intrigue qui avait donné lieu à cette odieuse publication, ce qui était le seul moyen, me disait-on, d'éviter le renouvellement de semblables offenses ; faute de quoi l'on me prédisait que mon frère, fort de ma tolérance, renouvellerait sans cesse ses attaques contre moi. Je ne pus me résoudre à cette mesure sévère, d'autant plus qu'elle pouvait porter préjudice à une intéressante enfant à laquelle je portais le plus vif intérêt. J'aime à penser que la cruelle nécessité à laquelle je suis poussé aujourd'hui, n'aura plus cette fâcheuse influence sur son sort, parce qu'elle est arrivée à une époque où son mérite personnel a pu se faire distinguer de ceux qui la connaissent.

Puisque maintenant il me faut, non-seulement dire la vérité, mais toute la vérité, pour arrêter mon frère dans la malheureuse carrière où il s'est lancé, dont lui-même est la première victime; encouragé par le bien qui peut ultérieurement en résulter pour lui, qui ne pouvant plus nous faire de mal à l'un ni à l'autre, sauvera peut-être les débris d'une petite fortune que depuis six ans il s'occupe journellement de gaspiller; je vais raconter simplement et sans art, comme sans aucun fiel, ce qui m'a mis en butte aux calomnies de mon frère : et (comme une faute est toujours suivie de beaucoup d'autres), pourquoi son libelle du 21 mars dernier est non-seulement dirigé sur moi, mais frappe à tort et à travers sur de respectables magistrats, avocats, avoués, experts, huissiers, agens, et va même jusqu'à déclarer les lois de France comme insuffisantes pour se mettre à l'abri des mesures employées à tort, dit-il, contre lui, dans la procédure; de sorte que mon malheureux frère, irrité de n'avoir jusqu'à ce jour obtenu aucun succès dans ses poursuites cruelles contre moi, semble en perdre la raison, s'enivrer de son humeur et se ruer contre tout le monde.

Les pères de famille pourront ici trouver un exemple salutaire pour se convaincre de l'importance de chercher à approfondir les dispositions naturelles de leurs enfans, pour déterminer l'espèce d'éducation qui leur convient.

Mon respectable père n'eut jamais de tort à se reprocher envers ses enfans. Il entreprit pour leur bonheur tout ce qu'il imagina pouvoir y contribuer; mais
les exemples et l'expérience lui manquèrent sans doute,
ou il se laissa éblouir par sa tendresse paternelle lorsqu'il dirigea l'éducation de son fils aîné, puisqu'il n'eut
point la satisfaction de le voir s'attacher à apprendre ce
qu'il s'efforça de lui faire enseigner, et je veux me persuader que cela ne provint pas d'une obstination générale, de la part de mon frère, de ne rien apprendre, mais
plutôt qu'il ne se sentit point de goût pour les diverses
choses qu'on voulut lui enseigner, et qu'il aurait pu
s'appliquer, comme tout autre enfant, si on l'eût livré
à des occupations analogues à son caractère.

C'est ainsi que je désire trouver des motifs de le plaindre et non de le blâmer de n'avoir jamais rien appris ni
rien su faire d'utile, et d'être arrivé à l'âge de soixante-
deux ans sans avoir pu réaliser seulement 500 f. du produit
de l'industrie de sa vie entière. Il n'est donc pas étonnant
qu'il soit en guerre avec l'espèce humaine; que le succès
d'autrui occasionne son envie, et que son amour-propre
se trouvant offensé de n'avoir pu parvenir à se subvenir
à lui-même, il prétende qu'on le dépouille des biens
qu'il a amassés, et qu'on s'efforce encore aujourd'hui
de lui ravir sa part de successions qui devraient faire de
lui un homme riche.

Dieu me garde d'entreprendre ici le narré de tout ce
qu'a fait mon frère depuis cinquante ans que j'ai pu en
juger par moi-même; mais je ne crains pas d'être démenti par aucune preuve contraire, en disant qu'il n'a
jamais exercé aucun état honorable et utile; que, du

moment où mon père, chagriné de sa conduite, a refusé de subvenir à ses besoins, j'ai pris cette charge sur moi, et qu'à compter de 1785 jusqu'à ce jour même, sauf l'intervalle de 1789 à 1793 qu'il se fit passer pour mort, ne nous donnant point de ses nouvelles, et son extrait mortuaire ayant été envoyé du Cap-Français, à mon père, j'ai toujours fourni à ses besoins; et qu'à compter de l'année 1802, à laquelle époque je crus devoir l'avertir, pour tâcher de le rendre plus économe, qu'à l'avenir je tiendrais compte des sommes que je lui fournirais, il a été constamment mon débiteur, et l'est encore à ce jour, ainsi qu'il vient d'être constaté par jugement du tribunal civil de Rouen du 18 juillet dernier.

Ainsi mon frère Jacques, passé à Saint-Domingue en 1784, y est resté jusqu'en 1800, qu'il est venu me rejoindre à New-Yorck, où je l'ai laissé en 1808 sous la protection de M. Johnson, avocat, mon fondé de pouvoir, qui, en mon absence et suivant mes instructions, a fourni à ses besoins jusqu'en 1817, que Jacques est repassé en France y recueillir sa part des successions auxquelles il avait droit et que depuis quatre ans il tenait ouvertes, ne voulant point envoyer sa procuration.

De même qu'il était arrivé à New-Yorck en 1800, il arriva à Rouen, dix-sept ans plus tard, n'ayant d'autres moyens de satisfaire à ses besoins qu'avec l'argent que je mis à sa disposition. Ma mère mourut le lendemain de son arrivée. Le chagrin et les soins que m'occasionna cet événement, me rendirent malade, et mon médecin m'envoya aux eaux de Bourbonne dans l'espoir d'opérer mon rétablissement. Jacques resta à Paris pendant mon absence, et je lui donnai un crédit sur mon banquier jusqu'à mon retour , qui eut lieu dans le mois de septembre. Dès lors je voulus m'occuper de régler avec mon frère ; mais comme je n'avais malheureusement que trop appris à le connaître , j'insistai pour que tous les élémens de nos comptes fussent soumis à deux notaires , qui seraient priés de nous aider à opérer ce réglement avec toute équité. Mon frère insista pour que M. Roard , mon notaire , fût aussi le sien pour l'exercice de ces comptes. J'ignorais quel était son but, mais je fus obligé de céder à sa volonté.

J'étais dans mon lit , malade , lorsque M. Roard vint me faire visite et m'inviter, d'un air très-grave, à régler le plutôt possible amiablement avec mon frère ; et , pour répondre à ma surprise du conseil qu'il me donnait, d'un ton sentencieux, il tira de sa poche un libelle manuscrit que mon frère lui avait remis, et dans lequel il me dépeignait comme en ayant agi de la manière la plus honteuse , la plus tyrannique et la plus rapacieuse envers mon père , ma mère , mon frère Prosper et lui. Je ne pus revenir de ma surprise , et demandai à M. Roard , comment lui qui me connaissait depuis plusieurs années, qui avait pu juger de ma loyauté dans toutes mes transactions , avait pu se laisser détourner de la bonne opinion qu'il avait conçue de moi , par de si odieuses calomnies. « Est-il possible , me dit-il, » qu'aucun homme puisse accuser son propre frère de » torts aussi graves, si réellement il n'y a pas donné » lieu ? » « Eh bien! monsieur, lui répondis-je , vous » saurez, avant deux jours, que la chose est possible.» Et, en effet, ils n'étaient pas expirés , que M. Roard était en possession des lettres de mon père, ma mère et mon frère Prosper, qui, jusqu'à leur mort, m'avaient comblé de bénédictions et d'amitiés, m'exprimant, dans chacune d'elles, les plus obligeans remercîmens pour ce que les circonstances, qui m'avaient été plus favorables qu'à eux, m'avaient permis de faire en leur faveur. Elles étaient accompagnées des lettres de Jacques luimême, qui attestaient tous les services pécuniaires et autres que je lui avais constamment rendus.

Jacques, retournant le lendemain pour faire sa cour à M. Roard, qu'il se flattait d'avoir abusé sur mon compte, fut fort surpris du froid accueil qu'il en reçut, et de l'injonction qu'il lui fit de reprendre ses pièces, et employer un autre notaire que lui, afin que notre réglement pût s'opérer contradictoirement. Mon frère choisit M. Lequesne qui voulut bien le représenter dans cette opération.

Pendant le temps que ces messieurs s'occupèrent de l'examen de nos pièces, nous fûmes plusieurs fois convoqués par eux, et contradictoirement : enfin, ils mirent la plus grande patience à nous entendre et tout bien examiner ; au point que ce ne fut que le 1er mars 1818 que nous pûmes signer, en leur présence, le réglement et arrêté de nos comptes, en résultat desquels mon frère se reconnut mon débiteur de 2,783 fr., 91 c., non compris 6,085 fr. 90 c. de fonds que j'avais fournis à nos parens et plusieurs autres articles de dépenses assez considérables dont il me devait payer sa part, et je lui fis la remise, ainsi qu'il le reconnut dans le compte.

Quinze jours plus tard, mon frère, qui s'était mis et maintenu en état d'hostilités contre moi, fut solliciter MM. Lequesne et Roard d'obtenir que je lui fisse une avance de cent louis par an , comme je le lui avais offert auparavant notre différend : j'y consentis , ainsi que de me rendre caution de 3,821 fr. qu'il devait à M. B.... de Saint-Victor. Je ne fus donc ni injuste, ni cruel envers Jacques; je fus bon frère : pourquoi me poursuivre avec tant d'acharnement ! Je lui avais de nouveau ouvert mes bras et ma maison ; il désira venir habiter celle que nous avions à Rouen , rue des Augustins , par bail emphytéotique , provenant de la succession de notre père , qui était occupée par nombre de locataires , et je consentis qu'il en eut la gestion.

La mort de madame Perchel, usufruitière des biens de notre oncle dont nous étions héritiers , aux droits de notre mère , mit Jacques dans le cas de se passer de moi. Alors il crut pouvoir me sacrifier à ses spéculations et répandre le bruit qu'il était riche de *cent mille écus* , en y comprenant , disait-il , environ 80,000 fr. dont je lui avais fait tort ; mais qu'il saurait bien me faire regorger.

Certaines personnes, prêtes à entrer avec mon frère en arrangemens qui leur rendaient nécessaire de connaître bien sa fortune, me questionnèrent à ce sujet, et principalement sur l'article des 80,000 fr. que Jacques leur annonçait que je lui devais. Je leur répondis naïvement qu'alors de notre dernier réglement, il s'était reconnu mon débiteur de 2,783 fr. 91 c. , que depuis je lui avais fourni à raison de cent louis par an pour son entretien ; qu'il avait reçu tous les loyers de notre maison, et que je ne pouvais expliquer comment., en cet état de choses, il se prétendait mon créancier pour 80,000 fr. J'ajoutais que notre entrée en jouissance des biens provenant de la succession de notre oncle, allait donner lieu à un nouveau réglement entre nous, et que j'étais prêt à y procéder. Je l'avais déjà proposé à mon frère ; mais il m'avait exprimé le désir de ne faire nos partages qu'à la majorité de sa fille, afin d'éviter des frais de licitation ; et j'y avais consenti. Mais, par la suite, me trouvant chaque jour assailli de nouvelles questions par des personnes qui croyaient que les *cent mille écus* de fortune de mon frère pouvaient être un objet digne de considération ; accusé même par certaines d'entre elles, qui s'étaient déjà identifiées avec lui, d'être « coupable d'injustice et d'oppression envers mon » frère et son intéressante demoiselle, » j'insistai vis-à-vis de lui pour régler notre nouveau compte. Pressé par mes instances, il me proposa de faire cette opération, en présence et avec l'assistance de M. Gamare, subrogé-tuteur de sa fille. J'y consentis, et, la veille du jour où nous devions nous assembler pour y procéder, M. Gamare m'ayant annoncé qu'il réclamerait de moi certains bons offices à rendre à mon frère, qu'il me priait de ne pas refuser, je lui répondis que j'y étais tellement disposé, que je lui promettais de ne rien refuser de ce qu'il me demanderait, et je tins ma parole. Je fis plus, j'accordai à mon frère six années pour s'acquitter envers moi, si, pour le faire dans deux ans, ainsi qu'il le proposait, il avait besoin de faire le moindre sacrifice.

Ce compte fut réglé et arrêté le 3 octobre 1820 ; Jacques en rédigea lui-même l'arrêté avec M. Gamare, et quand j'en eus rempli de mon côté toutes les conditions, il se refusa à le faire du sien. Par ce compte, il se reconnaissait mon débiteur de 3,630 fr. 08 c.

Le 16 janvier suivant, quand il me vit disposé à solliciter la licitation de nos biens, pour enfin en obtenir un réglement de compte auquel il ne pût plus se soustraire; il proposa un nouvel accord. Je répondis à M. Gamare, par l'intermédiaire duquel cette proposition m'était faite, que je consentais à tout ce qu'il trouverait juste, et lui donnai pouvoir de signer l'accord pour moi.

Mon frère s'y obligea, entr'autres choses, moyennant que je consentirais à lui laisser toucher sa moitié des fermages et loyers de nos biens communs, de me payer 6oo fr. par an, à valoir sur ce qu'il me devait.

Cet accord fut bien et dûment signé de lui; mais ne servit encore qu'à me leurrer. Mon frère, non-seulement toucha et conserva sa moitié du produit de nos biens communs, mais même la totalité des loyers de la maison, rue des Augustins; ce qu'il a continué de faire jusqu'à ce jour, sans me remettre un seul centime de ma moitié du net produit de ces locations. Il ne m'a également rien payé, depuis le 16 janvier 1821, des 6oo fr. par an, ainsi qu'il s'était engagé par son accord.

Une simple opposition dans les mains de nos locataires eût suffi pour me faire toucher ce qui m'appartenait; mais il me répugnait d'employer aucune poursuite judiciaire contre mon frère. On ne s'étonnera pas, après tant de tolérance, qu'il m'ait qualifié du titre de *Niais*, et ait cru pouvoir tout se permettre à mon égard.

La patience et l'indulgence ne me manquaient pas à l'égard des sacrifices d'intérêt que je faisais er   ques; mais, pour perpétuer sa réputation d'ho   che   qu'il était obligé d'emprunter pour satisfaire à ses besoins, il répétait sans cesse que je rete-

2

nais toute sa fortune et qu'il n'avait pas le courage de me poursuivre pour lui en rendre compte. J'étais informé, de temps à autre, de tous ces propos désobligeans, et feu M. François Hauguet vint, un matin, me trouver pour me reprocher d'en agir aussi mal envers mon frère. Je lui produisis immédiatement tous nos arrêtés de comptes, et lorsqu'il y vit ses reconnaissances pour les sommes qu'il me devait, ses obligations de me payer, par termes, qu'il n'accomplissait pas; après avoir resté un moment comme stupéfait, il me dit : « Votre frère a » trop d'esprit pour moi; je vais le prier de vouloir bien » s'adresser à d'autres pour débiter ses contes : j'avoue » que j'en ai été complètement la dupe. » Il ajouta que son frère qui était avec lui à se promener sur le pont, la veille au soir, pendant que Jacques leur débitait tous ses propos sur mon compte, les avait trouvés si odieux qu'il lui avait dit: « Ou votre frère, monsieur, est un grand » fripon, ou vous êtes un grand fourbe. »

Je sentis alors plus que jamais qu'il était de mon devoir de presser l'opération de nos partages, au moyen de quoi ce qui appartenait à mon frère serait établi d'une manière assez authentique pour que les personnes qui auraient besoin de s'assurer de l'état exact de sa fortune ne s'adressassent plus à moi, et ne m'accusassent plus de lui faire aucun tort.

Je priai un magistrat de Rouen, mon allié, et que je croyais alors mon ami, de me désigner un avoué capable et intègre, que je pus charger de poursuivre la licitation de nos biens. Il m'adressa à M. Lerebours, auquel je remis toutes les pièces pour pouvoir agir, puis revins à mon domicile à Paris.

J'avais deux motifs pour ne m'occuper en aucune manière de cette opération. Le premier était que je ne connaissais nullement comment on procédait en pareil cas; le second, que l'on m'avait annoncé M. Lerebours comme capable de s'en acquitter parfaitement, et qu'ainsi je trouvai suffisant de lui exprimer la nécessité de cette mesure et mon intention qu'il y fût procédé avec toute la loyauté possible. Je me plais ici à lui rendre justice, en déclarant que, depuis quatre ans qu'il est chargé de mes intérêts, je n'ai pu apercevoir, dans aucun acte émané de lui, qu'il ait donné lieu à qui que ce soit de se plaindre d'aucune ruse, ni d'aucun mauvais procédé pour prendre indûment aucun avantage que ce puisse être. J'ai maintenant sous les yeux un état, dressé par lui, de toute sa procédure dans cette licitation, en réponse aux attaques que Jacques a dirigées contre lui dans son libelle du 21 mars dernier, et je pense véritablement que, soumis à l'examen de telle personne que ce fût, plus capable que moi de juger en matière de procédure, même justice lui serait rendue.

Le 24 août 1821, jugement qui accorde acte » de ce » que *Jacques-Thomas-Pierre Lucet déclare ne pas s'op-* » *poser au partage demandé ; acte de ce que Gamare,* » *subrogé-tuteur de la mineure Lucet, s'en rapporte,* et » faisant droit sur l'action du 1er de ce mois, déclare » accepté le testament olographe de la dame veuve » Lucet, du 6 février 1817...... » ordonne qu'il sera procédé en justice, des immeubles dépendant de la succession de la dame veuve Lucet, consistant : etc. « Que » pour y parvenir, visite et estimation en seront faites » par Boutigny, architecte à Rouen, Deboos, maire de

» Salmonville , et Gendron, cultivateur à Fresne, ex-
» perts commis d'office , etc. »

Ceci répond suffisamment aux fausses inculpations des quatre premiers folios du libelle de Jacques ; car , s'il a déclaré ne pas s'opposer au partage demandé, c'est une preuve évidente qu'il n'avait pas le moindre sujet de plaintes à exercer, et qu'il avait été fait droit à la requête de son avoué, de produire les titres et pièces concernant la propriété des immeubles à partager ainsi que les autres pièces concernant la succession dont la liquidation était demandée.

Je ne puis rien dire de la conduite que Jacques impute à M. Malcouronne (folio 5). Voici comme il s'en explique : « Les expertises commencèrent sur la ferme ,
» le 27 septembre; je m'y trouvai. Il fut arrêté que cette
» opération se ferait *à la Ville de Lyon*, le vendredi
» 5 octobre; mais, comme ma présence gênait, princi-
» palement pour les projets qu'on avait *sur la Ville de*
» *Lyon*, on avança les dates, et cette expertise se fit,
» en mon absence et à mon insu, le mercredi 3. Ne sup-
» posant pas alors que de tels abus pouvaient avoir lieu
» sous les yeux de la justice, le jeudi 4, je fus prévenir
» M. Malcouronne, que cette opération devait avoir
» lieu, chez lui, le lendemain; j'appris que tout était
» fini de la veille. J'appris aussi que la précipitation
» que l'on avait mise à faire cette opération, n'avait
» pas permis de réunir les experts nommés et voulus
» par la loi. Le 10, j'en portai plainte écrite à mon
» avoué; on en fut instruit, et le 22, on redonna à
» cette même opératien la forme légale qui lui man-
» quait; mais toujours en mon absence et à mon insu. »

Dans ce seul paragraphe, cinq personnes se trouvent inculpées : savoir, M. Malcouronne et les trois experts, d'avoir connivé ensemble pour que l'expertise eût lieu à l'insu de Jacques; et son avoué, de les avoir instruits des plaintes de son client, pour leur donner la facilité de redonner à leur opération la forme légale qui lui manquait; mais toujours en son absence et à son insu.

J'aime à penser que le plus grand nombre de ces cinq personnes inculpées ne manqueraient pas de moyens de se justifier; mais pour M. Malcouronne, la chose ne me paraît pas facile.

Pour l'intelligence de ce que j'aurai à rapporter plus loin, il est nécessaire de donner quelques détails sur l'é- Affaire Malcouronne
tablissement de la famille Malcouronne, dans la maison de roulage, dite *la Ville de Lyon*.

Feu mon oncle, François Perchel, qui en était propriétaire, avait pris à son service un jeune homme qui se montra si docile et dévoué à ses intérêts qu'il le prit en affection; il l'avança progressivement dans sa maison, et l'avait enfin pour son premier commis quand il mourut. Ce jeune homme s'appelait Malcouronne.

Mon oncle, à ses derniers momens, exprima à son frère de Paris (son unique héritier), le désir qu'il avait que son protégé lui succédât dans cette maison. Ce frère, pour satisfaire à la promesse qu'il avait faite au défunt, proposa au jeune Malcouronne de se choisir une épouse, pour l'aider à gérer l'établissement qu'il lui donnait. Malcouronne lui répondit qu'il ne connaissait aucune jeune personne, ayant toujours été exclusivement occupé de son travail, et qu'il le priait d'avoir la double bienveillance de lui donner la femme ainsi que la maison.

Ce fut moi que mon oncle chargea de ce choix. Il habitait Paris depuis long-temps, et était devenu comme étranger à la ville de Rouen, tandis qu'à cette époque j'y connaissais presque tout le monde. Je proposai à mon oncle la troisième fille de M. Pacé, qui était chargé de famille, et homme recommandable. Mon oncle fit quelques objections, parce qu'il désirait donner au jeune Malcouronne une femme qui lui apportât une dot analogue à l'établissement qu'il lui donnait. Je parvins pourtant, à détruire ces objections, en lui faisant observer que Malcouronne lui-même n'ayant rien que ce qu'il lui donnait, il se rendrait à-la-fois le bienfaiteur de deux jeunes gens également recommandables par des qualités qui faisaient concevoir l'espoir d'une heureuse union. Mon oncle, qui m'affectionnait beaucoup, se rendit à mes instances, et le mariage eut lieu.

Les jeunes époux m'en témoignèrent constamment toute leur reconnaissance, jusqu'au moment où je passai aux Etats-Unis de l'Amérique, en 1793. A mon retour, quinze ans plus tard, je trouvai madame Malcouronne, veuve et remariée à un adjudant-commandant, nommé Sénilhac. Chagrinée, dès-lors, des conséquences de cette union, elle implora mon assistance. J'eus occasion de lui rendre de nombreux services, comme son plus ancien ami et son fondé de pouvoir. Mon affection pour elle s'étendit sur toute sa famille; ses enfans avaient perdu leur père; son successeur menaçait, me disait-elle, de les ruiner; elle implorait de moi la protection que sa situation critique réclamait. Je m'identifiai donc avec cette famille; je mis la mère à l'abri des plus graves inconvéniens qu'elle redoutait de son second mari, et je pris les enfans en affection, comme s'ils étaient les miens propres.

Des circonstances pénibles et inutiles à rapporter me firent cesser de fréquenter madame Sénilhac; je n'en conservai pas moins pour elle et ses enfans toute la bienveillance à laquelle mon cœur s'était accoutumé; mais je n'eus plus guères occasion de la leur manifester, jusqu'à ce que le fils aîné, prenant la maison de *la Ville de Lyon*, à la suite de sa mère, se trouva en rapport direct avec moi, qui en était devenu le propriétaire, par droit de succession.

Lorsque la licitation de cet immeuble fut déterminée, je ne soupçonnais guères les moyens que M. Malcouronne s'était préparés de déprécier cette propriété, avec l'espoir sans doute de l'obtenir au-dessous de sa valeur. Je n'en fus instruit que long-temps après, quand, en mars 1822, je vins à Rouen pour être présent à l'adjudication définitive. Mon frère m'avait écrit, à Paris, pour me dire que l'expertise l'avait portée à un vil prix, et je lui avais répondu que cela ne devait pas nous inquiéter beaucoup, parce que certainement la concurrence qui existerait aux enchères entre des personnes qui n'auraient pas négligé de s'assurer de la valeur réelle de ce bien, ne permettait pas de croire qu'on se réglât sur le prix de l'expertise. Mais quand, à mon arrivée à Rouen, mon frère ajouta à ses plaintes, que M. Malcouronne avait fait insérer au procès-verbal d'expertise qu'il se réservait nombre d'articles qui, au lieu d'être à lui, appartenaient à la propriété; qu'en conséquence, il convenait d'ajourner la vente; je lui proposai de m'accompagner chez mon avoué, pour examiner à quel point sa plainte était fondée; puisque jusqu'alors, m'en rapportant entièrement à ce que nos deux avoués et lui auraient jugé à propos de faire, j'étais resté constamment à Paris, sans m'occuper aucunement de cette opération. Nous fûmes, en effet, chez M. Lerebours, qui me promit de se consulter avec l'avoué de mon frère, pour décider s'il était important de suspendre l'adjudication. Ils furent d'accord que cela n'était nullement utile, ne servirait qu'à augmenter les frais et perdre du temps ; qu'il suffisait d'insérer au cahier des charges une déclaration qui pût mettre les amateurs dans le cas de vérifier jusqu'à quel point les réserves de M. Malcouronne étaient fondées. En conséquence, M. Lerebours rédigea cette déclaration en présence de mon frère et de moi. Jacques, qui, pendant cette rédaction, avait émis toutes ses idées, la trouvait bien telle qu'on va la lire ci-après. Cependant, comme elle me parut susceptible de donner prise à la chicane, je désirai, pour n'y laisser aucun lieu, que la dernière phrase y fût ajoutée.

Nous étions tous bien persuadés que cette déclaration, ainsi rédigée et insérée au cahier des charges, la veille de l'adjudication, serait un témoignage évident, tant de notre loyauté envers les acquéreurs, que de notre désir d'assurer l'intérêt de toutes les parties concernées dans la vente. Elle fut ainsi insérée au cahier des charges, à la date du 17 mars: « S'est présenté Mᵉ Le-
» bours, avoué du poursuivant, lequel a dit : qu'ainsi
» qu'il résulte *du bail* de l'établissement à usage de
» commerce de roulage, formant le deuxième article
» d'adjudication (*ledit bail inséré au cahier des charges*),
» les hangars, refends, terrasses, lambris, décors,

» parquets, glaces, et généralement tout ce qui est ré-
» clamé par le locataire actuel, dépendent dudit 2ᵉ ar-
» ticle d'adjudication : la réclamation dudit locataire,
» qui sans doute a été induit en erreur à cet égard par
» la dame sa mère, à laquelle il a succédé, étant insi-
» gnifiante ; vu qu'il est expressément stipulé *au susdit*
» *bail*, PAR LEQUEL L'ADJUDICATAIRE SERA TENU DE PRENDRE
» DROIT ET DE SE RÉFÉRER, *que les constructions et aug-*
» *mentations resteront à la fin dudit bail, sans pouvoir le*
» *preneur en prétendre aucun remboursement ni indemnité*
» *quelconques* ; N'ENTENDANT TOUTEFOIS LE POURSUIVANT,
» PAR LA PRÉSENTE ÉNONCIATION, CONFÉRER A L'ADJUDI-
» CATAIRE PLUS DE DROITS QU'IL N'EN EST ATTRIBUÉ PAR LE
» BAIL DONT IL S'AGIT.

On a cherché à trouver des vices dans cette rédaction : les uns, parce qu'ils y trouvaient leurs intérêts ;
d'autres, parce qu'on est parvenu à leur persuader qu'elle
avait été rédigée dans un esprit de déception ; mais si
nous écartons toutes préventions pour la juger sur son
propre mérite, et si l'on veut se mettre à la place des
vendeurs, on sera forcé de convenir que l'article ne pouvait être rédigé autrement, sans s'exposer à plusieurs
procès au lieu d'un, ou aux reproches d'avoir négligé
l'intérêt de la mineure concernée dans la vente.

Le bail portait que ladite maison était louée pour vingt-
sept années, du 25 décembre 1801 à pareille époque 1828,
à charge, par les preneurs, de faire faire toutes les ré-
parations usufruitières ; de payer, en sus, toutes les im-
positions même foncières, etc., etc. ; puis venait la
clause suivante : « Pourra, le sieur Malcouronne éle-
» ver à ses frais, risques et périls, si bon lui semble,

» d'un ou de deux étages, la partie de maison adossée au
» sieur Elie Lefebvre, au cas que les fondations puis-
» sent en supporter la charge: et, *en général, il lui est*
» *permis de faire dans lesdites maisons telles constructions,*
» *augmentations de bâtimens qu'il jugera à propos, à la*
» *charge par lui d'en répondre dans tous les cas et* DE LES
» LAISSER A LA FIN DU PRÉSENT BAIL AU PROFIT DU SIEUR
» PERCHEL, SANS POUVOIR EN PRÉTENDRE AUCUN REMBOUR-
» SEMENT NI INDEMNITÉ QUELCONQUE ; le sieur Perchel
» se réservant au surplus la faculté d'exiger la démoli-
» tion, à la fin du bail, de toutes les constructions et
» le rétablissement des lieux dans leur premier état. »

Les objets que M. Malcouronne, fils aîné, qui avait succédé à la dame sa mère, s'imagina de faire insérer au procès-verbal d'expertise, comme lui appartenant et étant ainsi réservés par lui, étaient,

1°. Un grand hangar dans la cour.

2°. Une rampe de fer garnissant l'escalier.

3°. Les décors d'un boudoir au premier étage.

4°. Les lambris, décors et glaces du salon.

5°. Une terrasse couverte en plomb.

6°. Les décors de deux chambres à feu, à gauche de l'escalier.

7°. Au deuxième, les décors, lambris et glaces d'une chambre à feu et cabinet, à gauche de l'escalier.

8°. Et, enfin, les refends, lambris et décors de deux chambres à droite de l'escalier.

Il n'est personne doué de la moindre intelligence qui, en comparant la clause du bail avec les réserves de M. Malcouronne, ne déclare qu'il a prétendu, dans ce procès-verbal, avoir droit à plusieurs objets qui sans contredit appartiennent à la propriété, et qu'il serait même possible que des experts nommés pour juger la question, ne décidassent que la totalité des objets par lui réservés appartiennent strictement à ladite propriété? S'il peut être pénible à M. Malcouronne de s'entendre dire qu'il s'est attribué la propriété de choses qui ne lui appartiennent pas, sachant bien qu'il n'y avait aucun droit, mais évidemment pour déprécier cette propriété, dépiécer cette maison dont il prétendait pouvoir enlever jusqu'aux rampes d'escaliers, terrasses et décors, il ne lui serait pas moins chagrinant d'être supposé, par qui que ce soit, assez dénué d'intelligence et de bon sens pour n'avoir pu apprécier qu'il faisait une déclaration contraire à la vérité et à l'équité.

Je ne prétends être ici l'accusateur d'aucun des trois *très-honnêtes-gens* qui ont si long-temps compté sur ce qu'ils appellent ma *niaiserie*, pour jouir avec impunité de ce dont ils m'ont fait et veulent me faire encore tort; je ne serai que narrateur, prêt et disposé à fournir plus amples preuves et témoignages de la vérité des faits consignés ici, à quiconque les désirera.

J'ai supporté assez long-temps et assez patiemment leurs injures et leurs offenses; ils m'ont représenté comme un homme de mauvaise foi, ayant voulu leur faire tort. Ma longanimité leur a paru inépuisable, ils en ont abusé, et m'ont enfin forcé à faire connaître la vérité, afin qu'on puisse nous juger. Je reviens maintenant au *dire* ci-dessus relaté, qui fut par nous ajouté au cahier des charges, la veille du jour de l'adjudication, lu, par ordre de M. le président, avant la mise aux enchères, et qu'ainsi aucun des enchérisseurs n'a pu ignorer.

M. Malcouronne avait fait porter ses réserves sur des objets qui, sans nul contredit, appartiennent à la propriété; mais aussi sur d'autres objets susceptibles d'être contestés. Cette contestation ne pouvait avoir lieu qu'en décembre 1828; car, non-seulement la propriété était vendue telle qu'elle était alors, mais encore avec telles autres constructions et augmentations de bâtimens que le locataire pouvait avoir besoin d'y faire pour l'accroissement ou l'utilité de son commerce, pendant les sept années qu'il avait encore à jouir, *dont il était tenu de répondre dans tous les cas, et de laisser à la fin de son bail au profit du propriétaire.* Ce n'était donc pas seulement la propriété, en son état, lors de l'adjudication, que l'acquéreur obtenait pour son prix d'enchère, mais encore toutes les augmentations qui pouvaient y être faites pendant près de sept ans, d'après les conditions du bail. C'est pourquoi ce bail fut inséré, en entier, au cahier des charges.

Les vendeurs pouvaient-ils préjuger une question qui ne pouvait s'élever et être résolue que sept ans plus tard? Pouvaient-ils dire, par exemple : « Parmi les » huit articles de réserve de M. Malcouronne, cinq ne » lui appartiennent pas; nous les vendons et nous abandonnons les trois autres? » Il faut observer que certains objets compris dans un même article étaient de nature différente, tels que des décors, consistant en peintures et papiers collés aux murailles, qu'un locataire, en aucun cas, ne peut dégrader en quittant les lieux; et des lambris et glaces que, strictement peut-être, des experts prononceraient ne point être compris, suivant leur interprétation de la clause spéciale du bail, parmi les objets que M. Malcouronne serait tenu de laisser au profit du propriétaire.

On est fondé à présumer que ces difficultés présentées aux vendeurs avaient été astucieusement combinées, de manière à laisser entrevoir aux enchérisseurs des contestations ultérieures qui pourraient les empêcher de pousser la propriété à sa juste valeur.

Si, pour éviter toute difficulté, les vendeurs n'eussent pas réclamé contre les réserves de M. Malcouronne, ils eussent trahi leur devoir, non-seulement envers eux-mêmes, mais aussi envers leurs pupilles. S'ils commettaient l'imprudence de déterminer les objets réservés auxquels le sieur Malcouronne n'avait pas droit, ils restaient exposés à ce que, sept ans plus tard, des experts déterminant autrement à l'égard de quelques-uns de ces objets, le locataire ou l'acquéreur les appellassent en garantie ou dommage ; donc, la prudence ordonnait que les vendeurs déclarassent formellement qu'ils vendaient la propriété sujette aux conditions du bail ; conséquemment, tous les objets réservés par M. Malcouronne, autant que ledit bail leur y donnait droit, mais non pas autrement.

Cette mesure sage et équitable, une fois adoptée, la rédaction pouvait-elle être plus claire, plus précise qu'elle ne l'a été ? « Les hangars, refends, etc. . . . ré-» clamés par le locataire dépendent de l'adjudication. »
» Vu qu'il est expressément stipulé au susdit bail (relaté » en entier au cahier des charges), *par lequel l'adjudica-* » *taire sera tenu de prendre droit, et de se référer,* que les » constructions et augmentations resteront à la fin dudit » bail sans pouvoir, le preneur, en prétendre aucun rem-

» boursement et indemnités quelconqnes , *n'entendant*
» *toutefois le poursuivant, par la présente énonciation,*
» *conférer à l'adjudicataire plus de droit qu'il n'en est at-*
» *tribué par le bail dont il s'agit.* »

Les clauses et conditions de cette vente furent donc
bien expliquées, bien entendues; et certes le sieur Le
Marchand, qui s'en rendit adjudicataire , ne peut pré-
texter les avoir ignorées. « Je n'ai pas lu le bail, a-t-il
» dit, je n'ai pas compris ces conditions. » On lui ré-
pondra : à qui la faute? devez-vous l'imputer à ceux qui
ont mis ce bail à votre disposition? Si , d'un autre côté,
soit par votre négligence ou autrement, vous ne con-
naissiez pas assez les clauses du contrat par lequel vous
alliez vous lier , vous avez naturellement limité votre enchère , de manière que ce contrat , que vous rendiez
ainsi aléatoire pour vous, ne vous devînt onéreux en aucun cas.

Ce qu'il y a de certain, c'est que les experts, détermi-
nés sans doute par l'état de délabrement dans lequel ils
se représentaient la propriété ; lorsqu'on en aurait ar-
raché , démoli et enlevé les objets que le sieur Malcouronne s'était permis de s'attribuer, l'avaient estimée
beaucoup au-dessous de sa valeur ; c'est aussi que les
doutes qui s'élevèrent dans l'esprit des enchérisseurs ,
sur la facilité de se faire délivrer, à la fin du bail , les
objets réclamés par le sieur Malcouronne, et la crainte
de contestations avec lui à ce sujet, les empêchèrent de
pousser les enchères à la juste valeur de cette propriété,
pour laquelle Jacques déclare (folio 7 de son pamphlet),
quoiqu'avec un peu d'exagération peut-être, qu'un acquéreur se proposait de lui en offrir 100,000 fr. sur bons

et valables titres , exempts de tous troubles et de toutes contestations. Si Jacques dit la vérité, le sieur Le Marchand n'a donc acheté cette propriété à 55,700 fr. qu'un peu au-dessus de moitié de sa valeur. Ce qu'il y a de certain, c'est qu'il a refusé les offres que je lui ai faites , lorsqu'il a prétendu avoir été trompé , de reprendre le bien de lui, en le rendant indemne.

Je prends Dieu à témoin , vis-à-vis des personnes qui ne voudront pas se donner la peine d'examiner les preuves que j'en offre , que les choses se sont passées exactement telles que je viens de les rapporter, et qu'il n'y a eu nulle intention de tromper de la part des vendeurs, ni aucune erreur même commise de la part de l'acquéreur , qui lui ait porté le moindre préjudice et faire regretter un seul moment d'avoir fait cette acquisition. La preuve la plus concluante de cette assertion est *qu'il s'est écoulé plus de dix mois* entre l'époque de cette acquisition et la sommation qu'il fit , le 24 décembre suivant, aux vendeurs, de justifier , sous un délai de huitaine, de la renonciation de la dame veuve Malcouronne à la prétention d'être propriétaire des objets réclamés par son fils; pourtant , dès le 22 août précédent, il avait fait constater judiciairement l'état de ladite maison , et le sieur Malcouronne , pour Mme sa mère , avait renouvelé et fait insérer au procès-verbal dudit jour , la mention de ses susdites réserves.

Pourquoi ledit sieur Le Marchand, s'il prétend qu'il se trompa le jour de l'adjudication, faute d'avoir bien compris et entendu les conditions de la vente , resta-t-il DIX MOIS sans faire aucune réclamation , puisque , dès le lendemain de son acquisition , il en connut minutieu-

Affaire
Le
Marchand

sement toutes les conditions? Pourquoi le sieur Le Marchand, après avoir obtenu cette information, tout à son
aise, dans les derniers jours de mars, attendit-il jusqu'au 22 août pour faire dresser procès-verbal d'état des
lieux; et pourquoi, lorsque ce jour même, le sieur Malcouronne renouvela ses réserves, a-t-il attendu jusqu'au 24 décembre suivant, pour faire sommation aux
vendeurs de justifier de la renonciation à la propriété
des objets ainsi réservés? C'est, 1° parce qu'il savait
parfaitement, par la teneur du bail, depuis long-temps
en sa possession, que ces réserves portaient principalement sur des objets, qu'aux termes de ce bail le sieur
Malcouronne n'avait pas le droit d'emporter; 2° c'est
qu'il savait aussi que, n'importe ce qui pourrait lui être
attribué parmi les objets qu'il avait ainsi réservés, il n'a-
vait droit à aucune répétition contre les vendeurs, et que
l'acquisition de cet immeuble, au prix qu'il l'avait obtenu, était encore pour lui un objet avantageux.

On se demanderait donc en vain ce qui a pu le décider à entamer un procès contre les vendeurs? En voici
l'explication.

Le tribunal civil de Rouen, par son jugement du 14
août, avait renvoyé les frères Lucet par-devant M. Le-
fevre, notaire de ladite ville, pour opérer leurs partages et faire leur réglement définitif. Jacques, qui redoutait le [moment où cette prétendue fortune de *cent
mille écus* qu'il s'était attribuée, les 80,000 fr. que son
frère Eugène était dit lui devoir, se trouveraient con-
vertis en un avoir de 80 et quelques mille francs, desquels encore il faudrait déduire 5 à 6000 fr. dont Eugène
se trouverait son créancier, au lieu d'être son débiteur

de 80,000 fr. Jacques qui, déterminé d'éloigner le plus possible le jour du jugement, cherchait à imaginer tous les moyens d'y parvenir et se proposait, en conséquence,

1°. d'entraver la liquidation, qui en effet a été prolongée par lui, devant M. Lefebvre, pendant près de deux ans;

2°. D'élever de nouvelles contestations devant M. le juge-commissaire, ce qu'il a encore fait traîner plus de six mois;

3°. De contester le rapport même de M. le juge-commissaire, et se rendre appellant, devant la Cour royale, du jugement de première instance qui interviendrait. Jacques, enfin, qui était déterminé de me traîner devant tous les tribunaux, avait conçu le projet de m'y faire paraître provisoirement dans une affaire où il me ferait représenter comme un homme de mauvaise foi, et pourrait jouer lui-même le rôle d'un témoin si scrupuleux, qu'il sacrifierait ses propres intérêts au besoin de déclarer la vérité.

J'ai voulu dans cet ouvrage exposer les odieuses pratiques par lesquelles on s'occupe journellement d'induire les magistrats en erreur. On m'opposera que, par l'exercice même de leur profession, ces messieurs acquièrent une telle perspicacité, que le plus souvent ils découvrent les ruses par lesquelles on s'efforce de tromper leur religion. Cela est vrai, sans doute; mais il est des inventions si diaboliques, que l'homme le plus fin et le plus expérimenté ne pourrait jamais soupçonner, par le fait même qu'elles révoltent tous les sens, et je le dis avec vérité, j'ai été pénétré de respect pour les sentimens qui ont guidé les magistrats qui ont prononcé contre moi dans le procès qui m'a été intenté par le sieur Bruno Le Marchand; car je me suis dit : l'homme intègre se consulte lui-même sur la possibilité de commettre la faute , quand elle est d'une telle nature qu'il répugne à l'esprit de la concevoir ; il n'appartient qu'à l'homme pervers de bien apprécier la perversité d'autrui. Je n'ai point voulu faire connaître à mes juges ce que mon propre frère avait imaginé pour me détruire dans leur opinion. Je m'en suis reposé sur le droit de ma cause par elle-même. Les magistrats ont cru de leur devoir de me juger d'après des faits : pourquoi ai-je eu la délicatesse de ne pas vouloir leur en dévoiler le mensonge ? Aussi , me courbant respectueusement sous le poids de leur décision, je consentais à en subir toutes les conséquences, quand , enivrés de leurs succès , ceux des viles spéculations desquels j'étais la victime , prenant mon indulgence , mon désintéressement pour de l'apathie , de la stupidité , ont entrepris de prolonger leurs spéculations sur ma réputation et ma fortune.

Mon frère a d'abord clandestinement fait imprimer et distribuer, chez MM. les magistrats de la ville de Rouen, un odieux libelle dans lequel il me représente sous les plus indignes couleurs.

Le sieur Le Marchand , qui était venu me trouver me déclarer qu'il ne voulait point se prévaloir de l'arrêt obtenu contre moi, qu'il avait appris à mieux connaître et auquel il s'empressait de rendre justice , a bientôt changé sa détermination , et non-seulement il a voulu se prévaloir de toute la rigueur de l'arrêt , mais élever des prétentions au-delà de ce qu'il lui accordait.

<table>
<tr><td>Le sieur Malcouronne refuse l'exécution de l'arrêt auquel je me soumets , et me force à un procès contre lui.</td><td>Le sieur Malcouronne, ensuite, auquel j'ai proposé , aux termes du jugement confirmé par l'arrêt, de nommer des experts entre nous , pour déterminer la valeur des objets qui seraient jugés lui appartenir parmi ceux</td></tr>
</table>

qu'il s'était réservés et dont j'étais condamné à payer la valeur au sieur Le Marchand , a refusé de se soumettre à cet acte de justice. Il imagine que je serai passible des frais d'une expertise judiciaire ; que je calculerai la somme à laquelle ils peuvent s'élever , les tracasseries, peines et fatigues qui résulteront pour moi , qui demeure à Paris, des poursuites que cette opération nécessitera, et que , pour acheter [ma tranquillité , je consentirai à abandonner les 12,000 fr. de *maximum* déterminé par l'arrêt, dont le sieur Le Marchand se trouvant ainsi gorgé, lui, sieur Malcouronne, conserverait la propriété d'objets qui m'appartiennent , par reconnaissance sans doute pour tous les avantages dont il jouit en ce monde , et dont , pour lui , je suis la source, comme auteur du mariage , de l'établissement de ses parens, de la fortune qu'ils ont acquise dans cet établissement et qu'ils lui ont transmise. Je ne prétends à aucune reconnaissance pour ces bienfaits : ce sentiment n'existe pas dans tous les cœurs; mais au moins que le sieur Malcouronne ne pousse pas plus loin ses déprédations sur ce qui m'appartient et ne multiplie pas ses entreprises contre ma tranquillité.

Par son seul et unique fait, fruit d'une odieuse combinaison , la propriété des bienfaiteurs de lui et toute sa famille; cette propriété sur laquelle il est et a été élevé, nourri et mis à même de jouir d'une belle-fortune qui n'a été produite par aucun effort d'imagination, ni aucune capacité particulière; cette propriété, dis-je, dépréciée par lui, a été vendue plus d'un tiers au-dessous de sa valeur, et il combine encore, n'ayant pu l'obtenir à vil prix, les moyens de s'approprier les débris qu'il veut arracher à cette propriété. Il ne peut ignorer que son père et sa mère , dénués d'aucun bien , furent dotés par ma famille de tout le fonds de ce riche établissement , de tout le mobilier ; que la location même de la propriété lui fut donnée à vil prix ; qu'à ce jour encore, et jusqu'à la fin de 1828 , il ne la paie que 2,400 fr. par ·an , quand un simple terrain contigu , d'une moindre étendue et sans aucun bâtiment, a été loué, l'année dernière, à raison de 4,000 fr. par an, pour y faire le même commerce; les locataiaes devant y faire toutes les constructions à leurs frais.

Tous ces avantages recueillis de la bienveillance de moi et de ma famille , dont pour ses parens et pour lui je fus l'auteur primitif, ne rassasient pas le sieur Malcouronne ; il plaidait contre madame sa mère, de son vivant; aujourd'hui il me force à plaider contre lui pour me soustraire à ses envahissemens sans fin. J'ai excusé tous ses torts envers moi ; j'ai semblé ne pas les apercevoir, pour m'éviter d'accuser d'ingratitude celui que j'avais toujours traité avec une tendresse et une indulgence paternelle; mes dernières réclamations vis-à-vis de lui portent encore ce caractère : elles sont sans effet Il sait que j'aime la paix ; que, pour conserver mes droits , je dois encore pour quelque temps en faire le sacrifice. Il veut donc me la faire acheter au prix de l'or et sans ménagement pour mon amour-propre , qui naturellement doit se trouver froissé de la spéculation faite sur l'horreur que j'ai des procès.

J'ai parlé de ma soumission aux jugement et arrêt portés contre moi , de mon respect même pour la décison des magistrats , considérant que les moyens qui avaient été mis en œuvre pour tromper leur religion , étaient infaillibles vis-à-vis d'hommes intègres qui, jugeant d'après eux-mêmes et d'après leur expérience, déclarent que la perversité de l'homme a ses bornes, et qu'on ne peut inventer, pour détruire la réputation de son frère, les moyens que le mien a employé pour y parvenir.

J'ai dit aussi que mon frère n'avait conçu le projet de me détruire dans l'esprit des magistrats de Rouen, qu'afin que l'opinion qu'ils se formeraient de mes principes pût les déterminer dans les jugemens et arrêts qu'ils auraient à prononcer entre nous, lorsque lui-même directement me traduirait devant eux.

Voici comme il s'y prit : il fut trouver le sieur Bruno Le Marchand, qui s'était rendu acquéreur de la propriété dite *la Ville de Lyon*, et lui dit qu'il était trop honnête homme pour participer à la fraude que j'avais commise à son égard, en lui vendant, avec cette propriété, des objets qui lui seraient contestés. Il ajouta que c'était une de ces friponneries dont je faisais métier depuis long-temps; que lui-même était ma victime; que je l'avais dépouillé de tous ses biens et qu'il était juste qu'ils fissent cause commune contre moi, pour me faire regorger le fruit de mes rapines.

Le sieur Le Marchand, soit qu'il imaginât, d'après l'air de candeur de Jacques, que réellement je l'avais dupé; soit qu'il fût bien aise de tirer parti de la disposition que mon frère lui manifestait de l'aider à obtenir une réduction de la somme qu'il avait à me payer, accueillit la proposition de mon frère. Ils avaient l'un et l'autre le même conseil, ils furent le consulter, et sous sa direction commencèrent ainsi leurs attaques.

Le sieur Le Marchand vint me trouver le 17 novembre 1822, à l'hôtel Vatel où j'étais logé, et d'un air de très-mauvaise humeur, débuta ainsi : « Vous m'avez

» trompé, monsieur, en me vendant la Ville de Lyon;
» mais je ne serai pas votre dupe. » — « Vous plairait-
» il, monsieur, lui répondis-je, me dire en quoi et
» comment? » — « Vous le savez tout aussi bien que
» moi, vous m'avez vendu ce qui ne vous appartenait
» pas. » — « J'ignore toute la procédure qui a eu lieu
» pour parvenir à la licitation des biens communs entre
» mon frère et moi, je ne m'en suis nullement mêlé,
» étant à Paris pendant son cours; mais, si aucun tort
» vous a été fait, si aucune erreur a eu lieu à votre pré-
» judice, il [est juste d'y remédier. Réunissons-nous,
» vous, mon frère et moi, avec nos avoués. » —
» Ce sont des coquins vos avoués. » — « Mais vous
» avez au moins confiance dans le vôtre. » — « Il ne
» vaut pas mieux que les autres : je veux un arbitrage
» d'avocats. » — « J'y consens encore, si cela vous est
» agréable; mais, pour en venir à un arbitrage, il faut
» un compromis et nous ne pouvons le faire si vous ne
» voulez pas spécifier le tort dont vous demandez le re-
» dressement. » — « Comment voulez-vous que je vous
» le spécifie? Vous le connaissez mieux que moi. »

Je ne pus m'empêcher de sourire d'un tel déraison-
nement, ce qui irrita encore bien plus le sieur Le Marchand, qui me dit : « Rira bien qui rira le dernier. »
» — « Comment est-il possible, monsieur, que je
» garde mon sang-froid quand vous venez me deman-
» der le redressement d'un tort que vous ne pouvez
» spécifier, et que, sur mon honneur, je ne connais pas
» moi-même? » — « Votre frère les connaît bien, lui;
» car c'est lui-même qui est venu m'en parler; mais
» c'est un honnête homme, et vous... » — Veuillez vous
» retirer, monsieur. » Le sieur Le Marchand sortit fu-
rieux et toujours menaçant.

(39)

En récapitulant ce qui venait de se passer, je vis un homme faible, dont on se servait comme d'un instrument, que l'on avait irrité contre moi, en excitant son amour-propre, et qu'il était important de détromper, en lui offrant toute espèce de satisfaction; en conséquence, je me mis de suite à lui écrire la lettre suivante:

« M. Le Marchand, à Rouen, ce 17 novembre 1822. »

« Il a plu à mon frère d'aller vous trouver et vous dire
» que je vous avais trompé. Il a eu ses motifs pour vous
» mal parler de moi. Je ne suivrai pas son exemple; s'il
» agit mal, c'est à moi à le cacher; car il est mon frère,
» et ce n'est qu'avec des sentimens fraternels que j'en
» ai toujours agi envers lui.

» La prévention qu'il a excitée en vous, vous a em-
« pêché de me comprendre ce matin; je prends donc
» la peine de vous tracer ici ce que je vous ai dit.

» Quand la licitation des biens communs entre mon
» frère, nos enfans et moi, est devenue nécessaire, j'ai
» demandé un avoué probe et intelligent, on m'a re-
» commandé M. Lerebours, qui jusqu'à ce jour m'a
» paru mériter tout le bien qu'on m'a dit de lui. Je l'ai
» chargé de faire faire cette licitation; il s'en est en-
» tendu avec l'avoué de mon frère; je ne m'en suis nul-
» lement occupé. Vous vous êtes rendu adjudicataire
» pour 55,700 *francs*, voilà tout ce que j'ai su. Mainte-
» tenant, vous vous plaignez qu'on vous a trompé; où
» (pour rendre vos propres expressions), *que vous êtes*
« *pris, qu'on vous a mis dedans.*

» S'il vous est possible, monsieur, de justifier cette
» accusation, je me rends garant envers vous de tout ce
» qui pourrait s'en appliquer à M. Lerebours, que je re-
» connais avoir agi *pour moi et en mon nom.*

» Je propose encore une fois, que vous, mon frère
» et moi nous nous réunissions avec nos trois avoués,
» pour entendre vos plaintes et y faire droit, ce dont
» j'ai le plus grand désir, si elles sont fondées. Je ne
» crois pas que le plus honnête homme du monde puisse
» vous tenir un autre langage. Au reste, je ne fais que
» mon devoir. J'ai l'honneur, etc.

» Eugène Lucet. »

Je le demande à l'homme le plus chicaneur, le plus processif que l'on puisse imaginer, s'il n'aurait pas cru au moins nécessaire de sauver les apparences vis-à-vis de l'homme auquel il aurait résolu d'intenter un procès à tort et à travers ; et, si en recevant une telle lettre de lui, il aurait cru pouvoir se dispenser d'y répondre, et accepter la proposition à lui faite de réparer le tort dont il se plaignait, sauf à conserver, *in pecto*, la résolution de brouiller les cartes à un autre moment ?

Je n'attribue au sieur Le Marchand, que je ne connais que depuis cette affaire, ni d'être chicaneur et processif à l'extrême, ni d'être bien rusé ; cependant, il ne fit aucune réponse à ma lettre. Il l'a reçue pourtant, car, au mois de mai dernier, dans les conférences que nous eûmes ensemble, lorsqu'il exprima le désir de régler à l'amiable, pour s'en désister deux jours après, il me fit voir cette lettre dans sa liasse de papiers relatifs à cette affaire, et me dit bonnement que son conseil l'avait engagé de ne pas y répondre.

Instrument passif et se laissant guider par ceux qui lui promettaient que, s'il les laissaient faire, ils lui procureraient des bénéfices, le sieur Le Marchand, qui, je crois, aime plus l'argent qu'il n'est méchant, prêta son nom et laissa faire. Il est habitué du café de la Comédie,

à Rouen; ce fut là que mon frère Jacques, dans la poursuite de son honorable système, fut le rejoindre tous les
jours après dîné, lorsqu'ils eurent imaginé le procès
contre moi. Là, ces deux messieurs furent entendus
chaque jour, déclamer sur mon compte : j'étais un mi-
sérable qui avait ruiné mon frère (cet honnête homme
présent), qui malgré qu'il ne fût pas riche, dédaignait
de participer à mes rapines et avait eu la délicatesse d'a-
vertir, lui, sieur Le Marchand, que le méchant frère
l'avait trompé; l'avait mis dedans; avait imaginé des
moyens infâmes pour faire en France ce qu'il avait toujours fait en Amérique ; voler, piller tout le monde;
aussi avait-il été obligé de fuir, etc., etc. Tels étaient
les colloques habituels entre mon frère et le sieur Le
Marchand, pour me flétrir dans l'opinion publique, et
se préparer ainsi le succès des procès qu'ils méditaient
contre moi.

J'aime à penser que, dans le principe, M. Le Marchand était vraiment induit en erreur sur mon compte,
et croyait ce qu'il disait; il me l'a assuré lui-même ré-
cemment : « Je vous ai cru, m'a-t-il dit, le plus mé-
» chant homme de la terre; mais que voulez-vous? je
» ne vous connaissais pas, et j'entendais constamment
» votre frère rabacher ses accusations contre vous. »
Le remords de conscience qui semblait s'être emparé
de M. Le Marchand, en mai dernier, a malheureusement été troublé par les nouveaux conseils d'une personne qui lui a dit : « Tenez-vous-en à l'arrêt, n'ayez
» aucune conversation avec les frères Lucet, ni aucun
» autre à ce sujet; vous y gagnerez 12,000 fr., laissez-
» moi faire, » et en effet, il m'a retiré son offre, et
a évité de me parler depuis; mais un jour viendra où sa

bonhomie naturelle le fera s'expliquer librement , et quand les profits lui en seront bien assurés , sur le rôle qu'on lui a fait jouer dans toute cette affaire.

La procédure avait commencé par la sommation qu'il me fit faire le 24 décembre. L'attaque ne me parut d'aucune importance. J'ignorais les moyens perfides que l'on employait pour tromper l'opinion sur mon compte , et je restai parfaitement tranquille à Paris pendant que la cause se plaidait à Rouen ; mon avoué m'avait annoncé qu'elle avait été jugée imperdable par le conseil qu'il s'était adjoint ; je restai donc stupéfait quand je fus informé que le tribunal de première instance , par son jugement du 15 mai 1824 , avait autorisé le sieur Le Marchand « à retenir en ses mains la somme de 12,000 fr.
» sur le prix principal de son adjudication , si mieux
» n'aimaient les vendeurs faire arbitrer , à leurs frais et
» dans le mois de la signification dudit jugement , par
» experts et contradictoirement avec ledit sieur Le Mar-
» chand, la vraie valeur des objets réclamés par ledit
» Malcouronne, etc. »

Le jugement m'étant signifié, le 3 juin , à Paris, et l'ayant soumis à mes conseils, leur parut si étrange dans ses motifs, qu'ils exprimèrent l'opinion que quelque pouvoir inconnu avait agi sur l'esprit des juges, qui avaient été frappés de l'idée que j'avais eu intention de tromper ; et , en conséquence, m'avaient condamné.

Un arrêt de la Cour royale, du 16 mars suivant, confirma ce jugement. L'étonnement de mes conseils et de toutes les personnes qui connaissaient bien cette affaire redoubla ; mais, quand on connut tout le détail des moyens que mon frère, de concert avec M. Le Marchand, avait employés pour me flétrir dans l'opinion de

nos juges, on me blâma de ne pas les avoir exposés, et
d'avoir, par une fausse délicatesse, en voulant ménager
mon frère, favorisé le succès de ses entreprises contre
moi. Les détails ne m'en étaient pas exactement connus :
Les voici tels que le sieur Le Marchand lui-même me
les a confirmés dans nos dernières conférences ensemble,
lorsqu'il me fit l'offre, en mai dernier, de régler cette
affaire amiablement.

« J'ai été dupe, me dit-il, de votre frère; il a une
» certaine apparence, et je crus tout ce qu'il me dit
» sur votre compte; car on ne peut pas supposer qu'un
» homme parle ainsi de son frère s'il n'y a pas donné
» lieu; depuis, j'ai appris à le connaître. Partout où il
» me rencontrait il déclamait contre vous, et le jour
» même où la cause fut plaidée en première instance,
» un peu avant que l'audience fût ouverte, il m'accosta
» dans la salle, et me dit en présence de tous ceux qui
» y étaient: » Oui, monsieur, mon frère vous a volé,
» c'est une chose affreuse, je suis prêt à le déclarer moi-
» même; faites-moi interroger. » Je crus, continua
» M. Le Marchand, que je devais profiter de l'offre de
» votre frère; j'en informai mon avocat qui en tira
» parti; en conséquence, après avoir exposé les faits, il
» interpella votre frère de dire si les choses ne s'étaient
» pas passées comme il les annonçait? M. Lucet se leva
» de suite, avec un geste d'approbation, et allait entrer
» dans des détails quand son avocat lui imposa silence.
» La même chose a eu lieu lorsque l'affaire a été plaidée
» une seconde fois, quand M. Malcouronne a été mis
» en cause; mais quand votre frère eut entendu pro-
» noncer le jugement, et qu'il vit que la condamna-
» tion portait sur lui comme sur vous, il s'en montra

» très-mécontent, parce qu'il s'était flatté qu'au moyen
» de ses déclarations, vous seul seriez condamné, et il
» s'écriait en sortant de l'audience, qu'il devait avoir
» son recours contre vous, quand son avocat lui répon-
» dit qu'il devrait être honteux; que c'était lui - même
» qui avait fait perdre la cause. Depuis ce temps, votre
» frère est venu souvent me chicaner; je le croyais
» quelque chose et ce n'est rien du tout. Je suis fâché
» que l'affaire ait été si loin; mais enfin, si vous voulez
» rester à Rouen jusqu'à mon retour du Hâvre, où je
» ne resterai que deux jours, nous réglerons à l'amiable
» et en honnêtes gens; car je ne veux me prévaloir ni
» du jugement, ni de l'arrêt. »

Telle fut exactement la conversation qu'eut avec moi
le sieur Le Marchand, dans la grande salle et sur les
degrés du palais à Rouen, le jeudi 5 mai dernier, depuis une heure après midi jusqu'à deux. Je rentrai de
suite à mon hôtel en prendre note, après lui avoir pro-
mis d'attendre son retour qui devait avoir lieu, me dit-
il, le lundi suivant; mais il ne revint que le vendredi 13.

L'espèce de bonhomie qu'a manifesté envers moi le
sieur Le Marchand, dans les différentes conférences que
nous eûmes du 5 au 16 mai, m'a confirmé dans l'idée
que j'avais toujours eue que, s'il eût été laissé à lui-
même, il se serait désisté de cette affaire, du moment
où il s'aperçut que mon frère l'avait rendu l'instrument
de ses vengeances contre moi; mais que, chaque fois
qu'il en avait pris la résolution, elle avait été combattue
par celui qui le dirigeait et par lequel il se laisse con-
duire aveuglément.

J'avais été instruit par des personnes qui avaient as-
sisté aux deux audiences du tribunal où mon frère s'était

levé pour justifier la plainte du sieur Le Marchand, de l'impression que sa démarche avait paru faire sur le tribunal, et un avocat, entre autres, s'en était exprimé ainsi : « Je suppose, me disait-il, que vous-même eus- » siez été un des juges, quelle impression eussiez-vous » éprouvé en entendant l'avocat du plaignant invoquer » le témoignage d'un de ceux qui figurent dans la cause » comme ses adversaires, dire que, quoiqu'il dût pro- » fiter de la fraude pratiquée envers son client, cepen- » dant il avait eu la délicatesse d'en convenir lui-même, » en reconnaissant que son frère, qui avait poursuivi » la licitation, s'en était en effet rendu coupable, et si, » l'invoquant de déclarer la vérité, vous eussiez vu ce- » lui que l'avocat venait de désigner comme un *véné-* » *rable vieillard à cheveux blancs*, se lever spontanément » et donner son assentiment?

» Un de vos juges, ajouta cet avocat, que l'on a en- » tendu parler de cette affaire, a déclaré qu'il est im- » possible de penser que, si réellement vous n'eussiez » pas combiné la fraude dans cette transaction, un frère » eût eu l'infamie de vous en accuser. »

Je conçois donc comment et pourquoi j'ai été jugé en fait, la cause en droit était tout-à-fait à mon avantage. Par une suite de combinaisons des plus astucieuses, on a pénétré messieurs les magistrats de l'idée que j'avais voulu tromper l'acquéreur du bien que j'avais à vendre; ils n'ont point eu occasion d'apprécier par eux-mêmes la vraie valeur de ce bien; ils n'ont pas connu davan- tage les moyens qui avaient été employés pour en faire porter le prix de l'estimation à 36,000 francs; ils ont jugé qu'il avait été trop payé à 55,700 francs et ont voulu redresser le tort qu'avait éprouvé l'acquéreur.

Ainsi, victime de l'erreur, je n'ai pu que respecter les motifs d'après lesquels j'avais été condamné.

Un célèbre avocat de la Cour de cassation me donnait l'espoir d'être admis dans mon pourvoi; mais je voulus auparavant tenter toutes les voies de conciliation, puisqu'à ce moyen je pouvais laisser ignorer les torts de trois individus, dont l'un était mon frère; un autre, par des motifs que j'ai détaillés plus haut, possédait toute ma bienveillance, et le troisième était considéré comme un de ces êtres qui ont la faiblesse de se laisser pousser au mal, quand ils y trouvent du profit, mais ne sont pas assez pervers pour le combiner.

On imaginera peut-être qu'en usant de cette indulgence envers les trois coupables, je prétendis réduire les avantages que leurs injustes attaques leur avaient assurés jusqu'alors, d'autant plus, que l'affaire n'était pas jugée en dernier ressort et que l'opinion de mes conseils était que si mon pourvoi était admis, le principe qui le ferait admettre m'assurait gain de cause. Eh bien! j'ai voulu encore me montrer plus généreux. Je connaissais leur amour des richesses, leur peu de moyens d'apprécier par eux-mêmes les conséquences de leur obstination à recevoir ce qui jusqu'alors leur avait été octroyé; j'entrevoyais que si je leur en demandais la réduction j'allais perpétuer mes difficultés et procès avec eux; je désirais la paix, le repos, et pour l'obtenir, je consentis faire tous les sacrifices; mon argent, mon amour-propre j'ose dire même cette dignité de l'homme qui semble s'opposer à ce qu'il traite avec une espèce de bienveillance et de parité ceux qu'il ne lui est pas permis d'estimer: oui! je sacrifiai tout à l'amour de la paix, à ma haine des procès.

J'étais condamné à laisser aux mains du sieur Le Marchand une somme de « 12,000 fr. sur le prix principal » de son adjudication, au moyen de quoi il souffrirait » que le locataire emportât, à la fin du bail, les objets » par lui réclamés, *si mieux n'aimaient les vendeurs faire* » *arbitrer à leurs frais et dans le mois de la signification du* » *jugement, par experts et contradictoirement avec le sieur* » *Le Marchand, la vraie valeur de ces objets.* »

Les offres que je fis au sieur Le Marchand, lorsqu'a-près le 16 mai, je jugeai, par son éloignement de moi, qu'on l'avait détourné de la transaction à l'amiable qu'il m'avait proposé le 5, furent de lui assurer tous ses avan-tages et de même au sieur Malcouronne; de faire arbitrer, à l'amiable, la vraie valeur des objets qui appartenaient à ce dernier et que le jugemant avait déclaré être compris dans la vente.

Le sieur Le Marchand, ne se trouvant point au rendez-vous indiqué et ne répondant nullement à mes offres, je proposai au sieur Malcouronne de faire arbitrer à l'amia-ble entre lui, mon frère et moi, quels étaient les objets parmi ceux qu'ils s'étaient réservés, qui pouvaient être censés lui appartenir; de faire estimer leur valeur, afin que je la lui payasse, et qu'il pût, à la fin de son bail, abandonner cesdits objets au sieur Le Marchand.

Par ce moyen, j'accomplissais l'esprit et la lettre du jugement, qui portait que dans la vente faite par moi au sieur Le Marchand, se trouvaient compris les objets ré-clamés par le locataire : donc, j'en payais la valeur à ce dernier et le sieur Le Marchand s'en trouvait ainsi investi.

Ces deux messieurs ont imaginé pouvoir faire chacun une nouvelle spéculation à mes dépens : » Réfutons, se » sont-ils dit, de faire à l'amiable l'arbitrage et l'exper-

Spéculation des sieurs Le Mar-chand et Mal-couronne en re-fusant mon exé-cution au juge-ment à l'amia-ble.

» tise que le jugement laisse à la disposition des vén-
» deurs, puisque cette opération doit se faire à leurs
» frais. Le sieur Lucet de Paris, qui s'est montré prêt à
» faire tant de sacrifices pour ne plus plaider, se verra de
» nouveau contraint de le faire. Il calculera ce que la no-
» mination judiciaire des experts, l'arbitrage et ce qui
» doit s'ensuivre lui coûteront en argent, perte de temps
» et de tranquillité : et, pour se débarrasser de nous,
» il nous abandonnera les 12,000 francs, *maximum* de
» sa condamnation : ainsi, moi, Le Marchand, j'aurai
» 12,000 francs pour des objets qui, sans doute, n'en va-
» lent pas deux mille, puisqu'il ne peut être question que
» de ceux qui appartiennent réellement au sieur Malcou-
» ronne parmi ceux qu'il a réclamés, et que les autres
» m'appartiennent de droit, dans tous les cas, faisant
» partie de la propriété.

» Et moi, se dit le sieur Malcouronne, non seulement
» j'emporterai à la fin de mon bail les objets que j'ai récla-
» més et qui m'appartiennent, qui sont de très-peu de
» conséquence, mais encore tous ceux que j'ai également
» réclamés, quoiqu'ils soient de nature de *constructions*
» *et augmentations*, qui, *aux termes de mon bail, appar-*
» *tiendraient à la propriété; que je serais obligé d'y laisser*
» *en la quittant sans pouvoir en prétendre aucun rembour-*
» *sement ni indemnité quelconque ;* enfin Le Marchand
» aura 12,000 francs au lieu de 2 ou 3,000 dont il béné-
» ficierait d'après l'esprit du jugement; et moi, que ce
» même jugement a voulu qui reçût la vraie valeur des
» objets qui m'appartiennent, j'aurai en outre ceux que
» j'étais tenu de laisser à la propriété. »

Ces calculs et cette conduite sont loin d'être édi-
fiantes. Je pourrais les qualifier, je m'en abstiens ; mais

il me paraît au-dessous de la dignité de l'homme, de se laisser ainsi piller, sans opposer aucune défense. C'est un devoir envers lui et sa famille, de protéger leur patrimoine; c'est un devoir envers la justice, de lui signaler la vérité, et l'empêcher d'être dupe de l'artifice et du mensonge : enfin, c'est un devoir envers la société, d'exposer les intrigues coupables et de décontenancer ainsi ceux qui en deviennent le fléau, en proportion des succès qu'on leur laisse obtenir, faute d'avoir le courage de les signaler.

Je ne suivrai point l'exemple de mon frère Jacques, qui écrit des lettres pour les publier, s'imaginant que le lecteur sera assez dupe pour croire que, parce qu'il s'y plaint d'un fait, ce fait existe.

Je n'ai point composé pour la presse les lettres que je lui ai écrites, ainsi qu'aux sieurs Malcouronne et Le Marchand, à l'égard de leurs offenses envers moi; ce serait sans doute accroître leurs souffrances que de publier notre correspondance, dans laquelle on ne trouverait que bienveillance et loyauté de ma part; de la leur, astuce et dissimulation. N'entretenant aucune haine contre eux, je ne prétends exercer aucune vengeance. Il me suffit de faire connaître, par l'exposé des faits qu'aucun d'eux ne peut contredire, autrement que par des assertions mensongères, que j'ai été la victime de leur rapacité et de leurs calomnies; que je me suis refusé à la nécessité de les faire connaître, tant que j'ai pensé que le sacrifice de mes intérêts pourrait les rassasier, que mon indulgence les ferait rentrer en eux-mêmes, et qu'enfin ils cesseraient leurs persécutions.

Je comptais terminer cet esquisse de tous les moyens employés par Jacques pour tromper la justice, par l'é-

numération des assertions fausses et calomnieuses con-
tenues dans les quinze folios du libelle qu'il a furtive-
ment glissé sous la porte des magistrats de la ville de
Rouen, avec l'intention manifeste d'induire encore en
erreur ceux de qui la justice émane, devant lesquels il
se flattait de me traduire successivement, et il avait déjà
joué la comédie avec un succès qu'il crut pouvoir en-
courager ses nouvelles tentatives; mais des personnes
dans l'opinion desquelles j'ai confiance, m'assurent que
la chose n'est pas nécessaire, qu'on a remarqué dans
cette œuvre du malheureux génie de mon frère tant de
contradictions, tant d'assertions de choses impossibles,
tant d'inculpations sans aucun indice de vérité, que ce
serait prendre une peine inutile que de prétendre me
justifier de ce qu'aucune personne honnête et de bon
sens ne pouvait croire. Je retranche donc cette partie
de mon travail, me déclarant prêt à la communiquer et
à donner plus amples preuves sur l'exactitude des faits
que je viens d'exposer, à quiconque me témoignera le
désir de les obtenir.

Ce que l'on vient de lire est publié contre mon inclination, parce qu'il peut affecter des personnes envers
lesquelles, je le répète, je ne suis mu par aucuns sentimens de haine ni de vengeance; non pas qu'ils n'aient
tout fait pour les provoquer, mais parce qu'en général
je crois devoir m'en abstenir : mon devoir seul m'a fait
me soumettre à cette nécessité, puisque, non content
des avantages que leur a procuré jusqu'à ce jour mon
indifférence à ne rien opposer à leurs calomnies, ceux
qui en ont aidé leurs spéculations sur mon bien et celui
de mes enfans, me forcent à reparaître de nouveau devant les tribunaux. Les sieurs Malcouronne et Le Mar-

chand, en ce qu'ils ne se contentent point de mon respect pour la chose jugée ; de ma soumission à leur donner tout ce qui leur est alloué par le jugement obtenu contre mon frère et moi ; ce dernier, en se rendant appellant du jugement du 18 juillet dernier, qui détermine la part qui revient à chacun de nous, en réglement tant du produit des biens que nous avions en commun, que de nos comptes particuliers, et qui, en faisant ample justice à Jacques, porte à moins de 80,000 fr. sa portion, y compris celle de sa fille, dans un partage qui, prétend-il depuis quatre ans, doit lui rapporter *cent mille écus*, ainsi que même il le publie encore folio 11 de son pamphlet du 21 mars dernier.

J'ai offert à ces messieurs tous les sacrifices possibles pour éviter de reparaître devant les tribunaux, et d'être obligé de publier des faits qui ne sont qu'à leur désavantage. Mon désir de la paix a réveillé leur cupidité, ils ont pensé pouvoir me la faire chèrement acheter ; ils se sont trompés. J'ai terminé en leur disant que, fort de mon bon droit, satisfait de n'avoir rien à me reprocher envers eux ni envers qui que ce soit, je me soumettrais à la volonté de Dieu, la décision de respectables magistrats, qui n'auront plus à me reprocher de leur avoir laissé ignorer tout le détail des faits, et à l'opinion des honnêtes gens, qui me dédommagera des iniquités auxquelles je suis en proie.

Oui, cette bonne opinion de mes compatriotes m'est plus précieuse que la fortune. J'ai eu le bonheur d'en jouir, de la part de tous ceux qui m'ont connu personnellement. Pourquoi serais-je indifférent à reconquérir l'estime de ceux qui, ne me connaissant qu'indirectement, ont été trompés sur mon compte par des propos calomnieux ?

Tels sont les motifs qui ont vaincu ma répugnance à faire cette publication; ils seront justement appréciés par les hommes vertueux qui savent ce que vaut l'honneur. Combien sont blâmables envers la justice, envers la société, envers leurs enfans et envers eux-mêmes ceux qui se soumettent lâchement ou par apathie à toutes les déprédations qu'entreprennent sur les biens qu'il est de leur devoir de protéger, des hommes méchans et rapaces, que le succès encourage à chercher de nouvelles victimes! Au surplus, bien différent de mes adversaires qui me frappent dans l'ombre, qui distribuent clandestinement ce qu'ils imaginent de publier contre moi, cette brochure sera envoyée à chacun d'eux, plusieurs jours avant d'être distribuée à aucune autre personne. Puissent-ils être assez prudens ou assez bien conseillés, pour terminer à l'amiable avec moi, qui me soumets entièrement aux jugemens qui ont été rendus, quoiqu'intimement persuadé que de nouvelles décisions judiciaires rendront mes sacrifices moins grands! S'ils acceptent cette dernière offrande que je fais à la paix, cet ouvrage ne sera connu que d'eux et de moi : s'il devient public, ce sera leur faute; ils n'auront à en accuser que leur opiniâtreté et leur cupidité, et ne pourront m'en imputer les conséquences.

Paris, le 8 janvier 1820,

EUGÈNE LUCET.